Die

Verpflichtung der Mennoniten an Eidesstatt.

Von

Dr. ten Doornkaat Koolman,
Gerichtsassessor.

Berlin.
J. Guttentag, Verlagsbuchhandlung.
1898.

Auf Grund Ev. Matthäi Kap. 5 Vers 34—37 verbietet das mennonitische Bekenntniß schlechthin und ohne Ausnahme*) die Ableistung eines förmlichen Eides und gestattet nur eine feierliche Versicherung bezw. ein feierliches Versprechen mit Handschlag. Eine einheitliche, bei allen deutschen Mennonitengemeinden gleichmäßig gebräuchliche Formel hierfür hat sich nicht gebildet, da jede Gemeinde ihre völlige Unabhängigkeit und Selbständigkeit hat, und da die Mennoniten ein allgemeines Glaubensbekenntniß nicht besitzen, sondern für ihre Lehre ausschließlich die Bibel als Richtschnur annehmen.

Die Betheuerungsformeln sind daher in den einzelnen Mennonitengemeinden verschieden: Ein einfaches „Ja" („Nein"), „Ich versichere durch mein Ja, welches Ja ist (Nein, welches Nein ist), daß . . . .", „Ich gelobe, die Wahrheit zu sagen", „Ich gelobe bei Mannenwahrheit" u. s. w. Jedoch haben einige Landesgesetze eine bestimmte Formel vorgeschrieben. S. Hannov. Verordnung vom 16. Okt. 1856. Badisches Gesetz vom 5. Juni 1860. Bayerische Verordnung v. 20. Okt. 1811 u. s. w.

---

*) Vgl. die Schlußbemerkung zu VI S. 42.

Bei der verhältnißmäßig geringen Stärke und Ausdehnung der Mennoniten im Deutschen Reich*) ist es erklärlich, daß die Besonderheiten dieser Religionsgesellschaft, d. h. die Punkte, in welchen sie von den anderen christlichen Religionsgesellschaften abweichen, nicht allgemein bekannt sind. Es kann daher auch nicht Wunder nehmen, daß auch die gesetzlichen Bestimmungen, welche die Befreiung der Mennoniten von der Leistung eines förmlichen Eides aussprechen, den zur Abnahme von Eiden zuständigen Behörden, außer etwa an solchen Orten, an welchen sich Mennonitengemeinden befinden, nicht selten vollständig unbekannt sind. Einen Vorwurf wird man hieraus einer Behörde billigerweise nicht machen können; der Satz iura novit curia hat eben auch seine Grenzen.

Es ist aber auch vorgekommen, daß selbst Mennoniten die sie von der Leistung eines förmlichen Eides befreiende landesgesetzliche Bestimmung nicht kannten. Es sind dadurch nicht selten, besonders in gerichtlichen Terminen, unliebsame Zwischenfälle — Verzögerungen, hervorgerufen durch längeres Suchen nach der betreffenden Bestimmung — verursacht worden. Es ist mir ein Fall bekannt geworden, und derselbe mag nicht vereinzelt dastehen, daß man einen Mennoniten, welcher den Bürgereid leisten sollte, einfach auf seine Versicherung hin, daß es ein Gesetz gebe, wonach er einen förmlichen Eid nicht zu leisten brauche, in der seinem Bekenntniß entsprechenden Form verpflichtet hat. Anderswo ist man in einem 1866

---

*) Nach Mannhardt, Jahrb. der Menn.-Gem. v. 1888 gab es um diese Zeit 71 Gemeinden mit 12 008 getauften Gliedern und 5811 Kindern.

der Krone Preußen einverleibten Landestheil kurz entschlossen nach der Preußischen Verordnung von 1827 verfahren.

Diesem Mißstande nach Möglichkeit abzuhelfen, ist der Zweck dieser Schrift. Sie wird den deutschen Behörden, von denen bei der heutigen Beweglichkeit der Bevölkerung jede leicht in die Lage kommen kann, einen Mennoniten eidesstattlich verpflichten zu müssen, und auch den Mennoniten selbst ein willkommener Wegweiser sein.

Wenn ich im Nachstehenden nicht, wie ich hoffe, eine Gesammtübersicht*) über alle im Deutschen Reiche bestehenden gesetzlichen Bestimmungen dieser Art gegeben habe, so liegt dies daran, daß die Ermittelung derselben äußerst schwierig ist. Jedenfalls ist es mir durch ausgedehnte Nachforschungen gelungen, festzustellen, daß in einer viel größeren Anzahl deutscher Staaten, als bisher, auch in mennonitischen Kreisen, bekannt war, theils Gesetzesbestimmungen erlassen sind, theils Gerichtsgebrauch (oder Gewohnheitsrecht) besteht, wonach Mennoniten von der Leistung eines förmlichen Eides befreit sind.

Das liebenswürdige Entgegenkommen höherer Justizbeamter hat mir meine Arbeit wesentlich erleichtert, und ich kann nicht umhin, allen Herren, welche mir mit der größten Bereitwilligkeit Auskunft ertheilt haben, nochmals an dieser Stelle meinen verbindlichsten Dank zu sagen.

Lübeck, April 1893.

Der Verfasser.

*) Eine solche findet sich trotz der Versicherung in Kieferndorf, Der Eid, Worms 1892, S. 50 nicht; auch Geyer, Lehrb. d. gem. deutsch. Str.-Pr.-Rechts S. 535 nennt nur wenige Bestimmungen.

Uebersicht.

Vorbemerkung.

Bezüglich der gerichtlichen Eide, welche die überwiegende Mehrzahl aller vorkommenden Eide ausmachen, ist zunächst auf einen wichtigen Punkt hinzuweisen.

Nach § 446 der Civilprozeßordnung und § 64 der Strafprozeßordnung:

> „Der Eidesleistung wird gleichgeachtet, wenn ein Mitglied einer Religionsgesellschaft, welcher das Gesetz den Gebrauch gewisser Betheuerungsformeln an Stelle des Eides gestattet, eine Erklärung unter der Betheuerungsformel dieser Religionsgesellschaft abgiebt."

sowie § 288 der Strafprozeßordnung bezw. § 51 des Gerichtsverfassungsgesetzes:

> „Ist ein Geschworener (ein Schöffe) Mitglied einer Religionsgesellschaft, welcher das Gesetz den Gebrauch gewisser Betheuerungsformeln an Stelle des Eides gestattet, so wird die Abgabe einer Erklärung unter der Betheuerungsformel dieser Religionsgesellschaft des Eidesleistung gleich geachtet."

ist es einem Mennoniten, wenn er in einem Civilprozeß-, Konkurs-*) oder Strafverfahren, (oder in einem solchen

*) S. § 65 der Konkursordnung.

Verfahren, auf welches die Vorschriften der Civil- oder Strafprozeßordnung Anwendung finden*) als Partei, Zeuge oder Sachverständiger, als Geschworener oder Schöffe beeidigt werden soll, erlaubt, statt des förmlichen Eides die seinem Bekenntniß entsprechende Betheuerungsformel abzugeben, aber nur dann, wenn „das Gesetz“ den Gebrauch einer solchen Betheuerungsformel gestattet. Dieses „Gesetz“ kann nur ein Landesgesetz sein, denn gäbe es ein Reichsgesetz hierüber, so wäre die Bestimmung des § 446 C.P.O. u. s. w. gegenstandslos. — Aus dem Umstande nun, daß es sich hier nur um ein Landesgesetz handeln kann, hat man den Schluß ziehen wollen**), daß die Befugniß, sich statt des Eides anderer Betheuerungsformeln zu bedienen, nur innerhalb desjenigen Partikularstaates, durch dessen Gesetzgebung sie gewährt wurde, geltend gemacht werden dürfe. Wenn für diese Ansicht als Grund angeführt wird, daß jedes Landesgesetz nur in dem Staate, welcher es erlassen, Geltung hat, so ist dieser Satz ja an sich unbestreitbar. Aber es folgt aus demselben für unsere Frage nur, daß, wenn z. B. die Preußische Gesetzgebung die Mennoniten von der Eidesleistung befreit, hierdurch nicht die in Sachsen oder Braunschweig lebenden Mennoniten von der Eidespflicht befreit sind. Die Sache verhält sich vielmehr folgendermaßen:

*) Vgl. § 14 des Gesetzes über die Konsulargerichtsbarkeit v. 10. Juli 1879 § 51 der Verordnung über das Verfahren vor den auf Grund des Unfallversicherungsgesetzes errichteten Schiedsgerichten, § 24 des Gesetzes, betr. die Gewerbegerichte v. 29. Juli 1890, § 1 der Verordnung, betreffend das Verfahren vor den auf Grund des Invaliditäts- und Altersversicherungsgesetzes errichteten Schiedsgerichten v. 1. Dezbr. 1890.

**) S. Löwe, Strafproz.-Ordng., § 64, Anm. 2 — und die dort Angeführten.

Der Richter hat die lex fori anzuwenden. Diejenige lex fori, auf die es bei vorliegender Frage ankommt, ist nicht dieses oder jenes Partikulargesetz, sondern das Reichsgesetz (§ 446 C.P.O., § 64 St.P.O. u. s. w.). Dieses Reichsgesetz weist den Richter an, und zwar jeden Richter, welcher das Reichsgesetz in Anwendung zu bringen hat, von den Personen die Eidesleistung nicht zu verlangen, denen durch „Gesetz“ die Befugniß beigelegt ist, sich anderer Betheuerungsformeln zu bedienen. Daß dies Gesetz das Gesetz des Staates sein solle, von welchem der Richter angestellt ist, ist nicht gesagt und konnte auch garnicht gesagt sein, weil (bei Vernehmung von Zeugen) auch das Reichsgericht als Gericht erster und letzter Instanz in die Lage kommen kann, sich mit dieser Betheuerungsformel nach § 446 C.P.O., § 64 St.P.O. u. s. w. begnügen zu müssen. Die Unterthanen jedes deutschen Staates sind verpflichtet, sich von jedem deutschen Gericht als Zeugen vernehmen zu lassen. Dieser erweiterten Verpflichtung entspricht dann aber auch das Recht, jedes deutsche Gericht als inländisches Gericht anzusehen und demgemäß vor jedem deutschen Gericht diejenigen Ansprüche geltend zu machen, die, bevor die Reichsgesetze erlassen waren, nur vor dem inländischen Gericht im damaligen Sinne des Wortes geltend gemacht werden konnten*).

Es kommt also, wie auch Glaser**), Keller***) und Geyer†) anerkennen, im Zweifel auf das **Gesetz der Heimath** des Zeugen (Sachverständigen) an. (Welches

*) John, Strafprozeßordnung I 1884, S. 612.

**) Handbuch des Strafprozesses I 1883, S. 591.

***) Strafprozeßordnung S. 71.

†) Lehrbuch des Strafprozesses S. 535.

Land als Heimath des Betreffenden anzusehen ist, ob das Geburtsland oder das Land des Wohnsitzes, muß im Einzelfalle festgestellt werden.)

Steht es aber fest, daß Zeugen und Sachverständige sich auf das Gesetz ihrer Heimath berufen können, so muß ein Gleiches für Schöffen und Geschworene beansprucht werden. Die dem § 446 der Civilprozeßordnung und § 64 der Strafprozeßordnung ganz analoge Fassung des § 51 des Gerichtsverfassungsgesetzes und § 288 der Strafprozeßordnung läßt einen anderen Schluß, als daß der Gesetzgeber beide Kategorien gleich hat behandelt wissen wollen, nicht zu.

Besteht weder in der Heimath, noch in dem Lande, wo die eidliche Verpflichtung erfolgen soll, eine die Mennoniten von der förmlichen Eidesleistung befreiende Bestimmung, so kann ein Mennonit, sofern nicht auf seine Beeidigung verzichtet wird — wie es im Civilprozeß- und Konkursverfahren, nicht aber im Strafverfahren möglich ist — zur Ableistung eines körperlichen Eides durch Strafen angehalten (§ 355 C.P.O. § 69 St.P.O.) bezw. in Ordnungsstrafe genommen werden (§§ 56, 96 G.V.G.).

Auf Verlangen des Gerichts hat derjenige, welcher unter Berufung auf § 446 C.P.O. u. s. w. die Ableistung eines förmlichen Eides verweigert, den Nachweis zu führen, daß er einer solchen Religionsgesellschaft angehört, welcher jene Befugniß durch Gesetz eingeräumt ist.

Was sodann die nicht gerichtlichen Eide (Beamten-, Bürger- u. s. w. Eid) anlangt, so bestehen hinsichtlich dieser reichsgesetzliche Bestimmungen naturgemäß nicht, und in Ermangelung derselben wird daher davon auszugehen sein, daß ein Mennonit nur dann ein Recht hat, diese eidesstattliche Verpflichtung in der seinem Bekenntniß entsprechenden Form zu verlangen, wenn ein Gesetz des Landes, in welcher die Verpflichtung erfolgen soll, dies gestattet. Ist dieses Gesetz ein solches, welches sich nur auf das gerichtliche Verfahren bezieht, oder ist nur der Gerichtsgebrauch die Quelle jener Befugniß, so ist hieraus unbedenklich zu folgern, daß die Rechtsauffassung, welche in dem Gesetz oder dem Gerichtsgebrauch sich offenbart, auch hinsichtlich der nicht gerichtlichen Eide Geltung hat, und zwar um so eher, als die letzteren Eide, welche in die Rechtssphäre eines Dritten nicht eingreifen, von einer unverhältnißmäßig geringeren Bedeutung sind, als die ersteren*).

*) S. auch unter Kurf. Hessen S. 21.

A. Landestheile, in welchen auf Grund gesetzlicher Bestimmungen Mennoniten von der Eidesleistung befreit sind.

I. Königreich Preußen.

1. Die acht älteren Provinzen.*)

Verordnung wegen der von den Menoniten statt des Eides abzugebenden Versicherungen.

Vom 11. März 1827. (Ges. S. 1827 S. 28.)

Wir Friedrich Wilhelm, von Gottes Gnaden König v. Preußen u. s. w.

Um sämmtliche, in Unsern Staaten wohnende, Menoniten von der ihren Religionsgrundsätzen zuwiderlaufenden, förmlichen Eidesleistung zu entbinden und in dieser Beziehung überall dasjenige Verfahren statt finden zu lassen, welches in einem Theile Unserer Monarchie gesetzlich beobachtet wird; verordnen Wir, auf den Antrag Unsers Staatsministeriums, hierdurch Folgendes:

§ 1.

Wenn ein Menonit als Partei einen Eid schwören, oder als Zeuge abgehört werden soll, oder zu einem Amte berufen wird, zu dessen Uebernahme die Eidesleistung er-

*) Auf die nach 1827 dem Königreich Preußen einverleibten Landestheile ist diese Verordnung nicht ausgedehnt.

forderlich ist; so muß er durch ein Zeugniß der Aeltesten, Lehrer oder Vorsteher seiner Gemeine nachweisen, daß er in der menonitischen Sekte geboren worden, oder sich doch schon wenigstens seit einem Jahre vor dem Anfange des Prozesses oder vor der Berufung zum Amte zu dieser Religionsgesellschaft bekannt und bisher*) einen untadelhaften Wandel geführt habe.

§ 2.

In diesem Atteste muß zugleich die bei den Menoniten übliche Bekräftigungsformel bemerkt sein.

§ 3.

Die nach dieser Bekräftigungsformel, mittelst Handschlages, abzugebende Versicherung hat mit der wirklichen Eidesleistung gleiche Kraft.

§ 4.

Wer solche zur Bestätigung einer Unwahrheit mißbraucht, den trifft die Strafe des falschen Eides.

(Vergl. § 155 Nr. 1 des Reichsstrafgesetzbuchs.)

---

*) Mit Rücksicht auf den Ausdruck „bisher" wird nach Mittheilungen von maßgebender Seite bei den Landgerichten zu Düsseldorf, Elbing und Königsberg ein Zeugniß nur dann für genügend erachtet, wenn es „kurz vor dem Gebrauch" bezw. „in der letzten Zeit" ausgestellt ist. Nach einer Mittheilung des Landgerichtspräsidenten zu Danzig wird bei diesem Gericht eine mildere Praxis beobachtet: Es ist daselbst schon seit Jahren bei Schwurgerichtsverhandlungen, wenn sich ein Geschworener zum mennonitischen Glauben bekannte und ein Zeugniß nicht vorweisen konnte, von der Beibringung eines solchen stets abgesehen, wenn von anderen Geschworenen die Versicherung abgegeben wurde, daß ihnen der Betreffende als geborener Mennonit bekannt sei, oder ein etwa vorgezeigtes Zeugniß, auch wenn es mehrere Jahre zuvor ausgestellt war, für ausreichend erachtet worden.

Diese Verordnung gilt, wie sich aus § 1 ergiebt, unter Anderem auch in Bezug auf den Beamten-Eid. In der Preußischen Verordnung vom 22. Januar 1867 ist nun für die Staatsbeamten in den 1866 neu erworbenen Landestheilen der von denselben dem König v. Preußen zu leistende Beamteneid formulirt, ohne daß die Verordnung die Bestimmung enthält, daß Mennoniten u. s. w. statt des Eides in der ihrem Bekenntniß entsprechenden Form zu verpflichten sind. Aus dem Fehlen dieser Bestimmung kann jedoch nicht entnommen werden, daß die Beamten mennonitischen Bekenntnisses in den neuerworbenen Landestheilen anders zu behandeln sind, als die preußischen. Sie haben die fragliche Vergünstigung unzweifelhaft dann zu beanspruchen, wenn sie ihnen auch früher in ihrem Heimathsstaat zustand; in Hannover, Hessen-Nassau und Schleswig-Holstein war dies der Fall.

2. Provinz Hannover.

Verordnung vom 16. Oktober 1856.

Die Betheuerungen der Mennoniten und Herrnhuter betreffend.

Für Mennoniten und für solche Herrnhuter, welche durch Gewissensbedenken an der Ableistung eines Eides verhindert zu werden versichern, tritt eine nichteidliche Betheuerung an die Stelle des Eides. Die in §§ 1—4 des Gesetzes vom 25. April 1850*) gegebenen Vorschriften kommen auch bei Abnahme dieser Betheuerung zur Anwendung.

Außerdem soll in allen Fällen dem Betheuernden vor

*) S. weiter unten.

Abnahme der Betheuerung bedeutet werden, „daß das Gesetz ihm zwar in Rücksicht auf seinen Glauben, zu dem er sich bekenne, statt des förmlichen Eides eine einfache Betheuerung gestatte, daß aber das feierliche: Ja! welches er nun spreche, in Zeit und Ewigkeit ihn ebenso binden solle und werde, als wenn er mit förmlichem Eidschwur sich verpflichte.“

Diese Bedeutung ist an die gesetzliche Belehrung und Verwarnung über Eid und Meineid (§ 1 und 2 des Gesetzes vom 25. April 1850) anzuschließen, wo letztere nicht ausnahmsweise unterbleiben. Die Betheuerung erfolgt durch feierliches: Ja! Der die Betheuerung Abnehmende hat dies nebst dem Handschlage des Betheuernden in Worten zu erfordern, wie: „Wollen dies betheuern (geloben), so geben Sie mir Ihre rechte Hand und sprechen Sie dabei ein feierliches: Ja!“

Die in vorstehender Verordnung in Bezug genommenen §§ 1—4 des Gesetzes über Eidesleistungen vom 25. April 1850 — welches bezüglich der nicht gerichtlichen Eide noch heute von Bedeutung ist — lauten:

§ 1.

Der Abnahme eines Eides muß in der Regel vorausgehen:

1. Eine Belehrung des Schwörenden über die Bedeutung eines Eides und Verwarnung vor dem Meineide, sowie eine Bekanntmachung mit denjenigen Strafen, mit welchen das Criminalgesetz den Meineid bedroht; vergl. §§ 2 und 3; 2. sofern nicht ohnedies ein richtiges Verständniß der Eidesformel durch den Schwörenden voraus-

zusetzen ist, eine möglichst genaue Erläuterung des Sinnes der Eidesformel.

§ 2.

Zum Zweck der im § 1 vorgeschriebenen Belehrung und Verwarnung des Schwörenden ist, wenn einem Christen der Eid abgenommen wird, die in der Anlage 1 . . . . enthaltene Verwarnung zu verlesen. Auch kann nach dem Ermessen der Behörde, vor welcher der Eid geleistet wird, an die Stelle dieser Verlesung der Verwarnung die vorgängige Belehrung und Verwarnung des Schwörenden durch einen Geistlichen seines Bekenntnisses . . . . angeordnet werden. Diese durch einen Geistlichen . . . . vorzunehmende Verwarnung kann, nach dem Ermessen des Gerichts, vor Gericht selbst oder auch außergerichtlich stattfinden.

§ 3.

Der Belehrung und Verwarnung bedarf es bei Versprechungseiden, mit Ausnahme allein der Eide eines Zeugen oder Sachverständigen nicht; sie kann jedoch auch bei diesen Eiden, nach dem Ermessen der Behörde, eintreten.

§ 4.

Nach Erfüllung der im § 1 enthaltenen Vorschriften muß, wenn von einer Partei im Prozeßverfahren ein Eid zu leisten ist, dieselbe über die Fortdauer ihrer Bereitwilligkeit zur Eidesleistung ausdrücklich befragt, auch der im Termine anwesende Gegner aufgefordert werden, auf die Eidesleistung nicht unnöthig zu bestehen. —

Die in § 2 in Bezug genommene Meineidsverwarung lautet für Christen:

„Schwören oder einen Eid thun ist nichts anderes, als Gott anrufen, daß er der Wahrheit beistehe und den strafe, der einer Unwahrheit sich schuldig macht. Wer einen falschen Eid schwört, insbesondere auch, wer durch geheimen Vorbehalt Ausflüchte sucht, wer den Eid im Sinne eigener willkürlicher Auslegung schwört, der bleibt nicht bei der Wahrheit, sondern lästert Gott, mißbraucht den Namen des Herrn, beraubt sich aller Gnaden und ladet auf sich alle Strafen, die Gott in seinem wahrhaftigen Wort gedrohet hat. Welcher Mensch nun schwört: „So wahr mir Gott helfe und sein heiliges Wort“, der schwört, als ob er spreche: „Wenn ich falsch schwöre, so soll Gott, Vater, Sohn und heiliger Geist mir nimmer zu Hülfe und zu Statten kommen in allen meinen Mühen und Nöthen, so soll die unerschöpfliche Barmherzigkeit meines lieben Herrn und Heilandes Jesu Christi mir nicht zum Trost und Heile sein an meinem letzten Ende, so sollen meine Seele und Leib miteinander verdammt werden am jüngsten Tag, da ich meineidiger Mensch vor Gericht stehen soll und muß.“ Es soll demnach ein jeder Christ vor falschem Eide fleißig gewarnt sein, damit er nicht des ewigen Lebens in der seligen Gemeinschaft Gottes, seines Heilandes und aller Auserwählten beraubt werde.

Im gerichtlichen Verfahren hat heutzutage der Richter den Schwurpflichtigen „in angemessener Weise“ auf die Bedeutung des Eides hinzuweisen. S. § 59 der Strafprozeßordnung, § 442 der Civilprozeßordnung.

3. Provinz Hessen-Nassau.

a. Das ehemalige Kurfürstenthum Hessen.

Ein Sondergesetz, welches den Mennoniten die Befreiung von der Ableistung eines körperlichen Eides gewährt, besteht für Kurhessen nicht.

Nach einer Mittheilung eines mit dem kurhessischen Recht vertrauten Richters (Mitgliedes des Landgerichts zu Kassel) — welche dieser Darstellung zu Grunde liegt — hat man indeß anzunehmen, „daß der Gerichtsgebrauch*), wohl indem er aus der Duldung ihrer abweichenden Religionsübung auf anderen Gebieten diese Folgerung zog, den Mennoniten gestattet, an Stelle des Eides rechtswirksam eine Versicherung bei „Mannenwahrheit" abzugeben".

Die Zurückführung des Gerichtsgebrauchs auf die Duldung der Religionsübung der Mennoniten im Allgemeinen muß jedoch weniger begründet erscheinen, als die Annahme, daß der Reichskammergerichts-Visitationsschluß vom 13. Oktober 1768, daß „der Mennonisten Angelobung bey Mannenwahrheit als ein Eid anzunehmen, auch bey sich ergebendem Falle als ein Meineid zu bestraffen und jenen solches vor der geschehenen Angelobung jedesmal zu bedeuten sey"**), der Ursprung dieses Gerichtsgebrauchs

---

*) Gemeinrechtlich erlangt die Gerichtspraxis ebenso wie das Gewohnheitsrecht Gesetzeskraft. Nach § 12 des Einführungsgesetzes zur Civilprozeßordnung und § 7 des Einführungsgesetzes zur Strafprozeßordnung ist Gesetz jede Rechtsnorm. Es liegt also die Voraussetzung des § 446 der Civilprozeßordnung und der § 64, 288 der Strafprozeßordnung vor.

**) S. Strippelmann, Der christliche Eid, Kassel 1855 S. 304, Note 22. — In Emminghaus, Corpus iuris germanici I S. 451 in der Note wird der Wortlaut anders mitgetheilt:

ist. Hierfür scheint auch der Umstand zu sprechen, daß die Gestattung, „bei Mannenwahrheit“ eine Versicherung abzugeben, nachweislich zuerst in einem Präjudiz der Regierung aus dem Jahre 1776 — also sehr kurze Zeit nach dem Reichsvisitationsschluß — in Sachen v. d. Legen gegen Bertrand'schen Kurator ausgesprochen ist. (Vergl. Kopp, Kurhessische Landesverfassung VI S. 490.) In gleichem Sinne ist dann auch nach dem Zeugniß von Ledderhose, Kurhessisches Kirchenrecht § 630 ein Ausschreiben des Marburger Pupillenkollegiums vom 10. Oktober 1806 erlassen, welches die Beeidigung der Vormünder betrifft.

Daß diese Aussprüche die allgemeine Rechtsauffassung wiedergeben, ist auch daraus zu entnehmen, daß die gleiche Gestattung in Beziehung auf den Vormundseid im § 68 der Verordnung vom 28. Dezember 1816 enthalten ist, indem diese Verordnung, wenn auch nur für Fulda erlassen, nach der Auffassung der Hessischen Gerichte zugleich eine Darstellung des in den übrigen Landestheilen in Geltung befindlichen Rechts auf den von ihr berührten Gebieten bildet.

Nachdem solchergestalt den Mennoniten in Kurhessen der Gebrauch einer ihrem Bekenntniß entsprechenden Bekräftigungsformel durch Gerichtsgebrauch gestattet war, hat ihnen später die Gesetzgebung diese Befugniß auch ausdrücklich zuerkannt: sie war zunächst enthalten in dem § 297 der Strafprozeßordnung von 1848 und ist dann in das an der letzteren Stelle getretene Kurhessische

„Wenn bei dem Kais. Kammergericht Mennoniten Recht nehmen oder suchen, derselben Angelobung bei Mannenwahrheit als einen Eid anzunehmen und bei sich ergebendem Falle als einen Meineid zu bestrafen.“

Gesetz vom 28. Oktober 1863 das Strafverfahren betreffend aufgenommen worden. Die §§ 44 und 152 dieses Gesetzes lauten: § 44. Den Mennoniten ist gestattet, den Zeugeneid in der nach ihren religiösen Vorschriften zulässigen Bekräftigungsformel zu leisten. § 152 (Beeidigung der Geschworenen betreffend). Abs. 5: Den zur Amtsverrichtung eines Geschworenen berufenen Mennoniten ist gestattet, an Stelle des Eides die vorstehende Versicherung (welche heutzutage in der im § 288 der Reichsstrafprozeßordnung vorgeschriebenen Form abzugeben ist) in der nach ihren religiösen Vorschriften zulässigen Bekräftigungsformel abzugeben.

(Daß das an demselben Tage erlassene Kurhessische Civilprozeßgesetz eine gleiche Bestimmung nicht enthält, erklärt sich daraus, daß es nur eine Novelle, kein die Materie erschöpfendes Gesetz war.)

Nach Löwe*), dessen Ansicht freilich nicht unangefochten geblieben ist, sind die landesgesetzlichen Vorschriften, welche eine Befreiung von der körperlichen Eidesleistung betreffen, auch dann, wenn sie nicht in einem besonderen Gesetz, sondern in einer der bisherigen Strafprozeßordnungen enthalten waren, durch die Reichsstrafprozeßordnungen nicht außer Kraft gesetzt, da § 64 der St.P.O. eine Verweisung auf das Landesrecht im Sinne des § 6 des Einführungsgesetzes enthält. — Ein Gleiches gilt natürlich für die Reichscivilprozeßordnung.

Was endlich die **nicht gerichtlichen** Eide anlangt, so enthält z. B. die Verfassung vom 5. Januar 1831 in ihren Bestimmungen über den Eid der Abgeordneten und den von jedem achtzehnjährigen Unterthan vor den Ver-

---

*) Strafprozeßordnung VII. Aufl. 1892, Anm. 3 zu § 64.

waltungsbehörden zu leistenden sog. Huldigungseid keine der Ausnahmestellung der Mennoniten zum Eide Rechnung tragende Bestimmung. Man wird indessen hieraus Abweichendes nicht zu folgern, vielmehr die in dem zu Gerichtsgebrauch und den bezeichneten Gesetzesaussprüchen zu Tage tretende Rechtsauffassung auch für diese Eidesleistungen maßgebend halten müssen, und zwar um so mehr, als dieselben im Verhältnisse zu den gerichtlichen Eiden eine mehr untergeordnete Bedeutung haben, insbesondere die Rechtsverhältnisse dritter Personen nicht berühren.

b. Das ehemalige Herzogthum Nassau.

In der Nassauischen Civilprozeßordnung vom 23. April 1822 (Nassauisches Verordnungsblatt vom Jahre 1822 S. 49), welche mit der in der Preußischen Verordnung vom 24. Juni 1867 enthaltenen (in unserer Frage jedoch belanglosen) Abänderung bis zur Einführung der Reichscivilprozeßordnung Geltung hatte*), ist in § 38 folgende Bestimmung enthalten:

„Nachdem der (mit der Abhör der Zeugen beauftragte) Commissarius auf eine nach Verhältniß der Personen zweckmäßige Weise die Zeugen gegen Meineid verwarnt hat, sollen christliche Zeugen Folgendes angeloben:

„Ich gelobe und schwöre in Ansehung der Sache, worüber ich als Zeuge jetzt befragt werden soll, soviel mir davon aus eigener Wissenschaft bekannt ist, die lautere Wahrheit zu sagen, ohne Beimischung einiger falschen Umstände, ohne Zweideutigkeit oder geheimen Hinterhalt, keinem Theil zu Lieb noch zu

*) Vgl. hierzu das unter 3a vorletzt. Abs. (S. 21) Gesagte.

Leid, sei es um Freundschaft oder Feindschaft, Furcht, Gabe oder um Nutzens willen, so wahr mir Gott helfe."

Ueberhaupt sollen alle in Gerichten vorfallende Versprechungen oder Versicherungen,

welche eidlich zu betheuern sind, bloß durch die Worte, „so wahr mit Gott helfe" beschworen werden, und auch diese Beschwörung fällt bei Personen solcher Sekten weg, nach deren Religionsbegriffe eine einfache Angelobung die Kraft eines Eides hat, den sie zu leisten nicht für erlaubt halten.

Zu diesem § 38 der Nassauischen Prozeßordnung vom 23. April 1822 ist in der handschriftlichen, in der Bibliothek des Landgerichts zu Wiesbaden (Katalog VI B 1 und VI B 2) aufbewahrten Begründung Folgendes bemerkt.

„Die Worte „so wahr mir Gott helfe" enthalten den Eid oder die feierliche und religiöse Betheuerung des diesen Worten vorausgehenden Versprechens. Dieses Versprechen müssen auch die Wiedertäufer*) und Herrnhuter leisten, die religiöse Betheuerung kann ihnen erlassen werden.

Eine weitere ausdrückliche Gesetzesbestimmung in dieser

*) Der Verfasser dieser Begründung wird unter die Wiedertäufer auch die Mennoniten mitbegriffen haben. Beide Ausdrücke wurden noch im Anfang dieses Jahrhunderts nicht selten unterschiedslos gebraucht. Vgl. die Eingangsworte der bayerischen Verordnung vom 20. Oktober 1811 „Da den Mennoniten oder Wiedertäufern . . . .". — Die Zusammenstellung von Herrnhutern und Mennoniten findet sich noch in der Hannoverschen Verordnung vom 16. Oktober 1856 und in dem Lübeckischen Ges. v. 9. VIII. 1862 Art. 9.

Beziehung ist nach Mittheilung des Herrn Landgerichtspräsidenten zu Wiesbaden, Geheimen Ober-Justizraths Hofmann, welchem ich diese Angaben verdanke, für das vormalige Herzogthum Nassau nicht ergangen.

Nach dem Zeugniß desselben Herrn wurde in der Praxis*) der vormals nassauischen Gerichte (d. h. also Civil- und Strafgerichte) wohl nach dem Reichskammergerichts-Visitationsschluß vom 13. Oktober 1768 (s. unter 3a S. 19) bei Mennoniten deren Angelobung bei Mannenwahrheit als Eid angenommen, und das ehemalige Königlich preußische Kreisgericht zu Limburg a. d. Lahn hat in Sachen Natziger gegen Zanger (A. Z. 630/77) bei der Betheuerung einer Mennonitin die Formel dahin gefaßt: „Ich gelobe auf meine Ehre“ . . . .

Hinsichtlich der nicht gerichtlichen Eide findet das unter 3a am Schluß Gesagte auch hier Anwendung.

4. Provinz Schleswig-Holstein.

Eine eigentliche gesetzliche, für die ganze Provinz Schleswig-Holstein giltige Bestimmung, wonach es den Mennoniten gestattet sein soll, an Stelle des körperlichen Eides eine ihren Religionsgrundsätzen entsprechende Versicherung abzugeben, ist nicht nachweisbar.

Ursprünglich, und zwar seit dem Ende des 16. Jahrhunderts, war den Mennoniten die Niederlassung nur in Altona und Friedrichstadt gestattet, und auch heute bestehen Mennonitengemeinden nur in diesen beiden Städten.

1. Den Mennoniten in Friedrichstadt wurde unterm 13. Februar 1623 von dem Herzog Friedrich III. ein Privileg ertheilt. Dasselbe findet sich in dem Corpus

*) Anm. S. 19.

Statutorum Slesvicensium (oder: Sammlung der in dem Herzogthum Schleswig geltenden Land= und Stadtrechte nebst den für diese Gegenden erlassenen neueren Verfügungen) dritter Band. Erste Abtheilung: die Stadt Friedrichstadt betreffend, Schleswig 1799. Der kurze Titel ist: Friedrichstädter Stadtrecht. Angehängt sind eine Menge Verfügungen, von denen die zweite betitelt ist: Herzogs Friedrich Privilegia für die Mennonisten d. d. Gottorff, den 13. Februar 1623 und wörtlich lautet:

„Und nachdem die Mennonisten insgemein sich darüber ein Gewissen machen, daß sie Eide leisten, officia publica verwalten oder Wehr und Waffen gebrauchen sollen, so wollen Wir ihnen allen und sämmtlich, also nicht allein denen, welche in Unsere Friedrichstadt sich begeben werden, sondern auch den anderen, so in Unserm Lande Eyderstädt bereits sich häuslich niedergesetzet, mit Ackerbau und Viehzucht umgehen, oder sonsten ihr domicilium von dannen in die Friedrichstadt nicht füglich transferiren können, diese Gnade, inmaßen darum bey Uns gleichfalls unterthänige Ansuchung geschehen, bezeiget haben, daß sie zur Eidesleistung nicht gezwungen, noch auch mit einigem munere publico oder gemeinem Amt belegt, weniger zur Wacht und Defension, die mit Wehr und Waffen geschiehet, aufgeboten oder genöthiget, sondern, wann von anderen, deren Religion die Eidschwüre nicht zuwider, purgationis, judicialia, malitiae, calumniae oder appellationis juramenta geleistet werden müssen, sie mit ihrem aufrechten Ja und Nein gehöret und darüber nicht beschweret werden sollen, doch daß, welche hernach befunden würden, daß Ihr Ja und Nein unrichtig, die Strafe, so auf die Meyneidigen gesetzet, ausstehen; und sie von denjenigen, die vermeynen, daß sie mit gutem Gewissen schwören, in officio publico und sich Wehr und Waffen gebrauchen können, nicht verspottet werden ....“

Eine Anmerkung unter dem Text lautet: Die vorstehenden privilegia sind vom Herzoge Friedrich, auf Ansuchen der Impetranten unterm 17. Februar 1657, desgleichen unterm 25. November 1695 aufs neue bestätiget worden.

In diesem Privileg ist, wenn auch nicht in so bestimmter Form, wie es bei den heutigen Gesetzesbestimmungen der Fall zu sein pflegt, dennoch mit ausreichender Deutlichkeit eine Betheuerungsformel enthalten: es ist gesagt, daß das „Ja“ und „Nein“, mit welchem nach Vorschrift des mennonitischen Bekenntnisses eine feierliche Erklärung bekräftigt werden soll, genügt. Das Privileg ist also eine gesetzliche Bestimmung im Sinne des § 446 der Civilprozeßordnung, §§ 64, 288 der Strafprozeßordnung u. s. w.

2. Die Verhältnisse der Mennoniten in Altona liegen nicht so klar:

Denselben war im Jahre 1601 von dem Grafen Ernst v. Holstein-Schauenburg ein Privileg betreffend ihre Religionsübung ertheilt. Das Privileg befand sich früher bei den Akten der Hamburg-Altonaer Gemeinde, ist aber verloren gegangen; wahrscheinlich befand es sich unter den Papieren, welche bei dem großen Hamburger Brande von 1842 in dem zur Sprengung bestimmten Hause eines mennonitischen Predigers haben zurückgelassen werden müssen. Eine Abschrift ist nicht vorhanden. In dem Fürstlich Schaumburg-Lippe'schen Archiv hat die Urkunde nicht aufgefunden werden können. Der Wortlaut des Privilegs ist daher nicht festzustellen.

Nach Wichmann, Geschichte von Altona, 1864, ist das Privileg nach dem Tode des Grafen Ernst am 17. Januar 1822 von dem Grafen Jodokus Hermann, (gestorben am 5. November 1635) nicht nur bestätigt, sondern auch dahin erweitert worden, daß ihnen ein öffentlicher Gottesdienst zugestanden wurde.

Diese Privilegien wurden in der Folgezeit auch von den dänischen Königen bestätigt. Die erste Bestätigung (bei den Akten der Hamburg-Altonaer Gemeinde befindlich) vom König Christian II. vom 6. Juni 1641 lautet:

Wir Christian der Vierte .... Thuen kundt hiemit gegen Jedermänniglich, Wasgestalt die sämtliche angehörige und Mitverwandte Kauff- und Handwerksleute der genandten Ministen zu Altonah unterthänigst bey Uns angehalten und gesuchet, weil sie bey Zeit voriger Herrschafft selbigen orts vor vielen und nunmehr über die 40 Jahren hero nicht allein daselbst geruhiglich residiret, und niedergesetzen im besondern auch Ihr frey exercitium religionis, auch Handel und wandel mit nicht geringen auffnahmen des gantzen Fleckens gehabt, Wir geruheten bey Unserer jetzo angetrettenen Regierung deren glückseeliges stabiliment und beharligkeit sie wünschten, ihnen ebenmäßige gnade widerfahren zu lassen, Und sie sowol bey alter possession und erwehnten ihrem freyen exercitio wider alle ihre Widerwärtige kräfftiglich Hand zu haben, zu schützen und zu defendiren. Wan wir nun, iedoch auff vorhergehende gewiße recognition, in solch ihr suchen gnädigst gewilliget. Als concediren und gestatten Wir, hiemit und in krafft dieses Unsers offenen Briefes, das besagte Ministen, wie sie heutiges Tages und oben tituliret, auch hinfüro, wie bis hieher geschehen, so wol bey ihrem freyen Glaubens und religionis exercitio, als unbehindertem Handel und Wandel für Uns nicht allein unbetrübet und ungekränket an selbigen Ort verbleiben und confirmiret seyn besondern auch wider männiglichs eintracht und turbation von Unsern Beamten daselbst aller gebür cräftiglich geschützet und vertretten werden sollen. Hergegen aber müßen und sollen sie sich gegen männiglich schiedlich verhalten, durchauß ein unärgerlich leben führen Und niemandt so Unser religion, an sich zu ziehen oder zu locken sich unterstehen, sondern in allem sowohl in religion alß Handelßsachen unsträflich erweisen, sonder alle gefährde. Urkundlich . . . .

Die späteren Bestätigungen, welche unter einander fast wörtlich übereinstimmen, sind erfolgt unterm 15. April 1664, 6. Dezember 1670, 19. Dezember 1699, 28. Mai 1731, 20. Februar 1747, 4. August 1766, 8. Mai 1817, 11. April 1845 und zuletzt unterm 27. Oktober 1853.

Die Vermuthung, daß schon in den Privilegien der Schauenburger Grafen den Mennoniten der Gebrauch einer ihrem religiösen Bekenntniß entsprechenden Bekräftigungsformel an Stelle des körperlichen Eides gestattet worden ist, muß zur Gewißheit werden durch das Zeugniß des völlig unbetheiligten Chronisten Ludolph Hinrich Schmid. Derselbe theilt in seinem „Versuch einer historischen Beschreibung der an der Elbe belegenen Stadt Altona" (Altona und Flensburg 1747) auf S. 208/9 den Wortlaut der Bestätigungsurkunde des Königs Christian VI. vom 28. Mai 1731 mit und bemerkt in einer angehängten Anmerkung:

„Unter die besondern Privilegia gehöret auch, daß sie nicht anders, denn bey dem Worte ja (oder, wie er hätte hinzufügen müssen, bei Mannenwahrheit . . . s. das folgende Citat) ihre Eide verrichten, und solches gleich einem andern Eide gelten muß."

Ein anderes Zeugniß findet sich ebenda an einer anderen Stelle: Die zweite Abtheilung des Buches behandelt im ersten Kapitel (S. 139ff.) der Stadt Altona Justitz- und Policeiverfassung. Auf S. 164 beginnt eine auszugsweise Darstellung von Bestimmungen des materiellen und Prozeßrechts. Auf S. 166 unten heißt es dann:

„Die Zeugen werden ordentlicher Weise von zweien aus dem Rathe committirten nebst dem Secretario beeidet, und so wol über die Articuln als über die von dem Producten*) übergebene Fragstücke abgehöret."

„Die Mennonisten schweren bey Mannen, Wahrheit und dem Worte Ja, die Juden aber mit Auflegung der rechten Hand, auf die Thora mit bedecktem Haupte, und ist der Eid sehr scharf."

Ein fernerer Beweis dafür, daß schon seit Anfang des siebzehnten Jahrhunderts den Mennoniten in (Hamburg und) Altona der Gebrauch der Betheuerungsformel „bei Mannenwahrheit" gestattet war, ist ein Dekret des Hamburger Senats vom 24. Januar 1694. — Vorweg ist zu bemerken, daß die Mennoniten in Hamburg und Altona seit Anfang des siebzehnten Jahrhunderts nur eine Gemeinde bilden, deren Sitz und Kirche sich von je in Altona befindet. Es ist daher die Annahme, daß für die Mennoniten in Hamburg etwas Anderes Rechtens gewesen sein könne, als für die Mennoniten in Altona, so gut wie ausgeschlossen.

*) Bezeichnung für den Gegner des Beweisführers (Produzenten).

Das Dekret lautet:

„Wir Bürgermeistern undt Raht der Stadt Hamburg thun Kund und bezeugen hiemit für Jedermänniglichen, daß für Uns persönlich kommen und erschienen der Ehrb. Lorentz Claßen, dieser Stadt Bürger, und unterdienstliche Ansuchung gethan, Wir geruheten ihm ein attestatum in probanti forma mit zu theilen, dahin gehend, daß wan ein Mennonist allhir zum Bürger angenommen wird, er an staat eines solennen Eydes vor dem Herrn Praesidirenden Bürgermeister angeloben muß bey Mannen- daß ist höchster wahrheit, daß er dieser Stadt bestes je und alle wegs suchen wolle, und daß nicht weniger solche formula juramenti auch in Process-Sachen und Zeugen Verhören von denen Herren Praetoribus angenommen und in judicio allhie ebenso gültig geachtet werde, alß wan ein Cörperlicher Eydt würklich abgestattet wäre. Wan Wir dan solchem seinem petito nicht entseyn wollen, indehm es jeder Zeit bey Uns also Herkommens und gebräuchlich gewesen, und noch ist; Als haben Wir ihm der wahrheit zu steur diesen Schein unter unserm gewöhnlichen Stadt Secret-Siegell hiemit ertheilen wollen. Actum d. 24. Januarii A° 1694."

Die Befugniß der Altonaer Mennoniten zum gültigen Gebrauch der Bekräftigungsformel „bei Mannenwahrheit" oder bei einem „Ja!" bezw. „Nein!" ist, wenn aus dem Fehlen jeglicher Nachricht hierüber ein Schluß gezogen werden darf, bis in die neueste Zeit hinein niemals von einem Gericht beanstandet worden. Erst im Jahre 1887 hat das Oberlandesgericht in Kiel in einem Beschluß die Ansicht ausgesprochen, daß diese Befugniß in einem Gesetz (gemeint ist ein Gesetz im engeren Sinne) nicht ausgesprochen sei. Diese Ansicht dürfte sich jetzt nicht mehr halten lassen:

Nach einem in § 265 der Civilprozeßordnung zum Ausdruck gebrachten Rechtsgrundsatz ist das Gericht bei Ermittelungen von Rechtsnormen in der Benutzung von Erkenntnißquellen nicht beschränkt. Es steht also Nichts im Wege, eine Gesetzesbestimmung als thatsächlich erlassen anzunehmen, wenn sie selbst nicht aufzufinden ist, wenn aber unverdächtige Zeugnisse dafür vorliegen, daß sie ergangen ist. Ein solcher Fall liegt aber hier vor. Es kann demnach als erwiesen gelten, daß durch die Privilegien der Schauenburger Grafen von 1601 bezw. 1635 den Altonaer Mennoniten der Gebrauch der Betheuerungsformel „bei Mannenwahrheit" oder „Ja" bezw. „Nein" anstatt des förmlichen Eides gestattet worden ist.

Zum Mindesten hat aber die Gerichtspraxis, welcher gemeinrechtlich die gleiche Kraft wie einem ausdrücklichen Gesetz innewohnt*) den Altonaer Mennoniten jene Befugniß zugestanden. Daß sie von jeher nie anders als in der mehrerwähnten Form im gerichtlichen Verfahren eine Betheuerung abgegeben haben, wird, abgesehen von dem Chronisten Schmid, auch bestätigt in einem Bericht des aufsichtführenden Amtrichters zu Altona an den Landgerichtspräsidenten daselbst vom 15. März 1887.

Wegen der nicht gerichtlichen Eide vgl. das auf S. 21 unter Kurhessen am Schlusse Gesagte.

5. Die hohenzollerschen Lande.

a. Für das vormalige Fürstenthum Hechingen bestehen nach dem Zeugniß des Herrn Landgerichtspräsidenten Evelt zu Hechingen keine bezüglichen Vorschriften.

---

*) S. die Anm. auf S. 19.

b. Für das Fürstenthum Hohenzollern-Sigmaringen bestimmt eine

Landesfürstliche Verordnung,
das Verfahren bei Eideserhebungen betreffend vom 20. September 1849,
(Bd. VIII S. 221 ff. der Sigmaringer Gesetzsammlung)

Folgendes:

§ 3.

Die dem Eide gleichgeltende Bekräftigung solcher Bekenner des christlichen Glaubens, welche den Eid als unerlaubt betrachten, geschieht in der Form der §§ 9 und 10.

§ 9.

Wenn nach den Gesetzen der Eid in Form eines Handgelübdes abzulegen ist, so finden die Vorschriften der §§ 4 und 6*) gleichfalls Anwendung. Der zu Verpflichtende leistet das Handgelübde stehend, indem er die linke Hand auf das Herz legt, dem Beamten die Verpflichtungsformel laut und langsam nachspricht, und sodann mit der rechten Hand demselben den Handschlag giebt.

Bei der Leistung des Handgelübdes erheben sich sämmtliche Anwesende.

§ 10.

Das Handgelübde wird in folgender Form geleistet:

---

*) § 4. Der Beamte, welcher den Eid abnimmt, hat sich zuerst zuverlässigen, ob der zu Beeidigende den vollen Gebrauch der Geisteskräfte habe.

§ 6. Vor der Beeidigung richtet der Beamte an den zu Beeidigenden eine kurze, aber eindringliche Ermahnung über die Wichtigkeit und Bedeutung des Eides, sowie die Strafen des Meineides.

Hierauf wird demselben die Eidesformel langsam und deutlich vorgelesen, auch, wo dies erforderlich erscheint, erläutert.

„Ich versichere durch feierliches Handgelübde an Eidestatt, daß rc. (hier folgt das Anzugelobende) — auf Ehre und Gewissen.“

In Fällen des § 2*) lautet die Betheuerungsformel:

„Ich versichere auf Ehre und Gewissen.“

Nach der Vereinigung Hohenzollerns mit der Krone Preußen ist für das Verfahren in Untersuchungssachen und Civilprozessen das Gesetz vom 30. April 1851 das wichtigste, welche die sogleich eingeführten preußischen Gesetze enthält. (Preuß. Gesetzsammlung S. 188.) — Die Verordnung vom 20. September 1849 wird dadurch jedoch nicht berührt.

II. Königreich Bayern.

Verordnung vom 20. Oktober 1811.

Da den Mennoniten oder Wiedertäufern nach den Grundsäzen ihrer Religion die Leistung eines Eides nicht gestattet ist, und gleichwohl nicht selten Fälle sich ereignen, wo Personen dieser Religionspartei vor Gericht an Eidesstat vernommen werden müssen, so haben Wir, um verschiedene Zweifel und Anfragen zu erledigen, auf Gutachten Unseres Oberappelationsgerichts und nach Vernehmung der Vorsteher, Aeltesten und Lehrer der gedachten Religionspartei beschlossen und verordnen hiermit, was folgt:

*) § 2. Ueberall, wo wegen der Weitläufigkeit der Schwurformel oder der großen Zahl der Schwörenden das Nachsprechen der Eidesformel nicht thunlich, oder wo es in den Gesetzen besonders vorgeschrieben ist, wird die Eidesformel nur vorgelesen (§ 6 Abs. 2) und der Schwörende spricht die Bestabung in folgender Weise aus:

„Ich schwöre, so wahr mir Gott helfe!“

1. Wenn ein Menonite in einer Civil- oder Kriminalsache als Zeuge oder Partei, zu feierlicher Versicherung an Eidesstatt zugelassen werden soll, so muß derselbe zuvor durch ein Zeugniß eines Aeltesten, Lehrers oder Vorstehers seiner Religionspartei gehörig bescheinigen, daß er entweder in dieser Religion geboren sei, oder sich wenigstens seit einem Jahre zu derselben bekannt und bisher einen untadelhaften Wandel geführt habe.

Sodann ist derselbe

2. von dem Richter, allenfalls nach Befinden der Umstände, mit Zuziehung eines Vorstehers oder Lehrers dieser Religionspartei, im Allgemeinen der Verbindlichkeiten, welche er bei dem Eintritt in seinen Glauben und in den Taufbund übernommen habe, sowie seiner Bürgerpflicht, die reine unverfälschte Wahrheit auszusagen, zu erinnern und überdieß zu belehren, daß das Ja und Nein hier dem wirklichen Eide völlig gleich gelte, und daß eine falsche Betheuerung die dem Meineide gedrohten gesezlichen Strafen nach sich ziehe.

3. Nach dieser vorläufigen Ermahnung ist dem Komparenten der Handschlag abzunehmen, begleitet von der nachzusprechenden Betheuerungsformel:

„Ich verspreche mit gegenwärtigem Handschlag, wie bei meinem Taufbunde die reine Wahrheit zu sagen.“

Hiernach haben sich in vorkommenden Fällen sämmtliche Gerichtsstellen Unseres Königreichs zu achten.

Diese Verordnung ist, soweit die vor den ordentlichen Gerichten und Verwaltungsbehörden zu leistenden Eide in Frage kommen, als durch die spätere bayerische Gesetzgebung aufgehoben zu erachten:

1. Von der Leistung eines körperlichen Eides vor Gericht sind die Mennoniten befreit durch die Bestimmungen des Art. 71 des bayerischen Ausführungsgesetzes zur Strafprozeßordnung und des Art. 22 des bayerischen Ausführungsgesetzes zur Civilprozeßordnung, welche übereinstimmend lauten:

„Mitgliedern von Religionsgesellschaften, deren Bekenntniß die Eidesleistung untersagt, ist an Stelle des Eides die dem Bekenntnisse entsprechende Betheuerung gestattet."

2. Bezüglich der im Verwaltungsverfahren zu leistenden Eide bestimmt § 5 Abs. IV der Vollzugsvorschriften zu dem Gesetze betreffend die Errichtung eines Verwaltungsgerichtshofes und das Verfahren in Verwaltungsrechtssachen vom 8. August 1878:

„Hinsichtlich des Gebrauchs gewisser Betheuerungsformeln an Stelle des Eides seitens der Mitglieder einzelner Religionsgesellschaften kommen die Bestimmungen des § 446 der Civilprozeßordnung und des Art. 22 des Ausführungsgesetzes entsprechend zur Anwendung.

III. Königreich Württemberg.

Im Anfang dieses Jahrhunderts hatten die württembergischen Mennoniten auf dem Lauterbacher Hof um die Erlaubniß nachgesucht, Güter pachtweise übernehmen zu dürfen.

Durch ein Spezial-Rescript, betreffend Duldung der Mennoniten vom 25. Oktober 1801*)

*) Reyscher, Ges.-Sammlg. Bd. 8 S. 747 f.

wurde ihnen die erbetene Erlaubniß ertheilt unter verschiedenen Bedingungen. Unter Nr. 4 heißt es da: Daß „ihnen blos Devotio domestica, jedoch übrigens vollständige Toleranz, sowohl in Ansehung ihrer religiösen Meinungen und gottesdienstlichen Gebräuche, als auch der Erziehung ihrer Kinder nach ihren Religionsbegriffen gestattet werden solle“.

Es ist jedoch weder in diesem noch in dem Rescript vom 30. Juni 1807*) ausdrücklich gesagt, daß die Mennoniten von der Verpflichtung zur Leistung eines förmlichen Eides befreit sein sollen; vielmehr ist in beiden Rescripten nur davon die Rede, daß die religiösen oder Glaubens-Meinungen und gottesdienstlichen Gebräuche derselben tolerirt sein sollen.

Sei es nun, daß aus der Duldung der Religionsübung der Mennoniten im Allgemeinen die Folgerung gezogen wurde, daß auch ihrer besonderen Stellung zum Eide Rechnung zu tragen sei, oder sei es, wie Kieferndorf**) angiebt, daß auf Grund des Reichskammergerichts-Visitationsschlusses vom 13. Oktober 1768 (S. 19) sich eine solche Rechtsüberzeugung gebildet hatte, jedenfalls herrscht in Württemberg darüber kein Zweifel, daß den Mennoniten gestattet wurde, in allen Fällen, statt des körperlichen Eides eine Betheuerung unter der Formel ihres Bekenntnisses abzugeben.

Beweis hierfür ist auch der Wortlaut des Justizministerialerlasses vom 30. April 1845 (Ergänzungsband zum Reg.-Bl. II S. 14), welcher bestimmt, wie die Betheuerungsformel bei der Vernehmung eines Mennoniten als

*) Reyscher, Bd. 9 S. 100.
**) Der Eid, Worms 1892, S. 53.

Zeugen lauten soll: „Unter feierlicher Berufung auf Matth. Kap. 5 Vers 37 gebe ich vor der von Gott eingesetzten Obrigkeit die Versicherung ab, daß ich über, worüber ich in der Rechtssache . . . . vernommen werde, Alles, was mir davon bekannt ist, in reiner unverfälschter Wahrheit aussagen und nichts verschweigen werde, mit Ja!" — welche Worte mit einem Handschlag des Schwurpflichtigen zu bekräftigen sind.

Daß dieser Zustand auch heutzutage noch als zu Recht bestehend erachtet wird, erhellt aus Folgendem: Nach dem Württembergischen Landesgesetz betreffend die religiösen Dissidentenvereine vom 9. April 1872 Art. 2 (Württemb. Regierungsblatt von 1872 Nr. 15 S. 151) wird durch Königl. Verordnung fernerhin bestimmt, ob und unter welchen Voraussetzungen den Mitgliedern religiöser Dissidentenvereine an Stelle des Eides der Gebrauch einer anderen Betheuerungsformel gestattet ist. — Während nun durch die Königl. Verordnung, betreffend die Form der Eidesleistung durch die Mitglieder des religiösen Vereins der Nazarener vom 12. Oktober 1872 (Württemberg. Reg.-Bl. S. 343) den Mitgliedern dieses religiösen Vereins gestattet ist, an Stelle des Eides die Erklärung abzugeben: „Ich versichere es feierlich an Eidesstatt", hat man eine gleichartige Bestimmung für Mennoniten nicht mehr für erforderlich erachtet.

Bezüglich der nicht gerichtlichen Eide findet das auf Seite 15 Gesagte auch hier Anwendung.

IV. Großherzogthum Baden.

Gesetz,

die Betheuerung der Mennoniten an Eidesstatt betreffend.

Vom 5. Juni 1860.

§ 1.

Der § 3 des Gesetzes vom 20. Dezember 1848, Regierungsblatt Nr. 81, wird in Betreff der Mennoniten abgeändert, wie folgt:

Die dem Eide gleichgeltende Bekräftigung der Mennoniten geschieht mittelst Handschlags und in der Formel:

Mit diesem Handschlage versichere ich nach Gottes Wort in dem Evangelium des Matthäus Kapitel 5, 33—37:

Daß u. s. w. (hier folgt das zu Bekräftigende) oder wenn eine schriftliche Bekräftigung gestattet ist, mit der Formel:

Ich versichere nach Gottes Wort u. s. w. (wie oben).

Diese Bekräftigung vertritt auch die Stelle des Handgelübdes in den Fällen, wo statt des Eides ein Handgelübde nach den Gesetzen zu leisten ist.

§ 2.

Die Behörde kann wegen besonderer Umstände einen unbetheiligten Aeltesten der Mennonitengemeinde zu der Handlung beiziehen.

Es muß das geschehen, wenn die Gegenpartei es verlangt. Die Berufenen sind wie Zeugen zur Anwohnung verpflichtet.

§ 3.

Die §§ 4, 6 und 7 Abs. 1 und 3 des Gesetzes vom 20. Dezember 1848, Regierungsblatt Nr. 81 über das Verfahren bei Eideserhebungen, finden auch bei Mennoniten Anwendung.

(Diese Paragraphen beziehen sich lediglich auf den bei Ableistung des Handgelübdes zu beobachtenden äußeren Anstand.)

§ 4.

In den Fällen, wo die Bekräftigung des § 1 die Stelle des Handgelübdes vertritt, wird sie in Beziehung auf die in den §§ 502—508 des Strafgesetzbuches vom 6. März 1845 enthaltenen Vorschriften dem Handgelübde gleichgeachtet.

(In diesen Paragraphen ist gesagt, daß ein falsches Handgelübde an Eidesstatt ebenso schwer bestraft wird, als ein falscher Eidschwur.) Vergl. § 155, Nr. 1 des Reichsstrafgesetzbuches.

V. Großherzogthum Hessen.

1. Für die Provinz Rheinhessen bestimmte ein Gesetz vom 8. Juli 1842:

daß den zur Funktion eines Geschworenen berufenen Mennoniten gestattet sei, den in der Prozeßordnung vorgeschriebenen Eid in der nach ihren religiösen Vorschriften zulässigen Bekräftigungsformel zu leisten.

2. Für die Provinzen Starkenburg und Oberhessen bestimmte

das Gesetz die Einführung des mündlichen und öffentlichen Strafverfahrens mit Schwurgericht in den Provinzen Starkenburg und Oberhessen betreffend, vom 28. Oktober 1848

in Art. 135:

„Den zur Funktion eines Geschworenen berufenen Mennoniten ist gestattet, den im vorhergehenden Artikel formulirten Eid in der nach ihren religiösen Vorschriften zulässigen Bekräftigungsformel zu leisten,“

während Art. 140 Abs. 3 lautete:

Auf die als Zeugen vorgeforderten Mennoniten findet die Bestimmung des Art. 135 Anwendung.

Wenn man auch mit Löwe (S. 15) diese letztere Gesetzesbestimmung als noch heute in Kraft befindlich ansehen will, so würde es für Hessen doch noch an einer Bestimmung mangeln, wodurch Mennoniten auch im civilprozessualischen Verfahren von der Leistung eines körperlichen Eides befreit wären.

Nach dem Zeugniß des Landgerichts-Präsidenten Machenhauer in Darmstadt und des Amtsrichters Dr. Güngerich daselbst steht es nun aber in ganz Hessen außer Zweifel, daß Mennoniten als Partei, als Zeugen oder Sachverständige, als Geschworene und Schöffen auch als Angestellte, anstatt mit dem körperlichen Eid mit der Formel:

„Ich versichere auf Mannes (Mannen-) Wort“ mit Handschlag

verpflichtet werden. Thatsächlich ist es auch von jeher von allen hessischen Behörden als der Mennoniten gutes Recht anerkannt worden, eine solche Versicherung an Eidesstatt abzugeben.

Worauf diese Uebung, welche über Menschengedenken hinausreicht, beruht, läßt sich zwar mit Sicherheit nicht nachweisen, man wird aber kaum fehlgehen in der Annahme, daß auch hier der Reichskammergerichts-Visitationsschluß vom 13. Oktober 1768 (S. 19) zu Grunde liegt.

Die beiden mitgetheilten Gesetzesbestimmungen können somit als ein Ausdruck der herrschenden Rechtsüberzeugung angesehen werden.

VI. Großherzogthum Oldenburg.

Das Staatsgrundgesetz für das Großherzogthum Oldenburg vom 18. November 1852 bestimmt in

Artikel 37:

§ 1. Die Formel des Eides soll künftig lauten:

„So wahr mir Gott helfe!"

Zusätze zu dieser Formel, sowie besondere Förmlichkeiten sind zulässig nach Maßgabe der Gesetze.

§ 2. Anstatt des Eides leistet derjenige, dem sein religiöses Bekenntniß einen Eid verbietet, sein Gelöbniß in der Form, welche nach seinem religiösen Bekenntniß an die Stelle des Eides tritt.

In Ergänzung der Bestimmungen des § 446 der Civilprozeßordnung, der §§ 64, 288 der Strafprozeßordnung und § 51 des Gerichtsverfassungsgesetzes bestimmt dann das

Gesetz für das Großherzogthum Oldenburg vom 12. Dezember 1881 betreffend das Verfahren bei Abnahme von Eiden.

Art. 1. Für alle vor einer zur Abnahme von Eiden zuständigen Behörden (Art. 1 des Ges. für das Herzogthum Oldenburg v. 3. Juni 1864, Art. 1 des Ges. für das Fürstenthum Lübeck vom 23. September 1867, Art. 1 des Ges. für d. Fürstenth. Birkenfeld v. 19. Juli 1868 betreffend den Gebrauch der Eide) abzuleistenden Eide treten fortan, soweit dies nicht schon durch die Reichsprozeßordnungen (Civilprozeßordnung §§ 443 ff. Strafprozeßordnung §§ 62 ff.) festgesetzt ist, die nachfolgenden Bestimmungen.

Art. 2 u. 3 behandeln die Form der Eidesleistung, Art. 4 den Eid der Stummen.

Art. 5. Der Eidesleistung wird gleichgeachtet, wenn ein Mitglied einer Religionsgesellschaft, welcher das Gesetz den Gebrauch gewisser Betheuerungsformeln an Stelle des Eides gestattet, eine Erklärung unter der Betheuerungsformel dieser Religionsgesellschaft abgiebt.

Nach diesen beiden Gesetzesbestimmungen ist in Oldenburg den Mennoniten, sowohl im gerichtlichen Verfahren, als auch in nicht gerichtlichen Angelegenheiten, gestattet, eine Betheurung in der Form ihres Bekenntnisses abzugeben. In einem an den Verfasser gerichteten Privatbriefe eines höheren Oldenburgischen Justizbeamten ist die Ansicht ausgesprochen, daß das Bekenntniß der Mennoniten den förmlichen Eid nicht schlechthin verbiete, sondern einen Eid auf richterliche Anordnung zulasse. Worauf sich diese Auffassung gründet, konnte nicht in Erfahrung gebracht werden. Daß sie vollständig unzutreffend ist, bedarf für Mennoniten einer Ausführung nicht. (Siehe auch S. 3.)

VII. Freie und Hansestadt Hamburg.

Verordnung über das Verfahren bei Abnahme von Eiden vom 25. Juni 1849.

(Bezieht sich auf gerichtliche und nichtgerichtliche Eide.)

§ 1.

Die Eidesformel soll, ohne Rücksicht auf die Confession des Schwörenden, allgemein lauten:

„So wahr mir Gott helfe!“

Dabei hat der Schwörende, und zwar ohne Unterschied des Geschlechts, die rechte Hand mit ausgestreckten Fingern aufzuheben.

§ 2.

Mennoniten und Quäker bekräftigen jedoch wie bisher die Wahrheit statt des Eides mittelst Handschlages und mit der Erklärung: Bei Mannes Wahrheit.

§ 3

enthält die Meineidsverwarnung.

§ 4.

Diese Verordnung, deren Gesetzeskraft mit dem 17. Juli d. J. eintritt, gilt für Hamburg, dessen Vorstädte und dessen privates Land, einschließlich des Amtes Ritzebüttel.

Die Ausdehnung dieser Verordnung auf Bergedorf stand im März 1893 unmittelbar bevor und wird inzwischen schon erfolgt sein.

VIII. Freie und Hansestadt Lübeck.

Gesetz über Eidesleistungen vom 9. August 1862.

(Daß sich dies Gesetz nicht nur auf die vor Gericht, sondern auch auf die vor anderen Behörden stattfindenden Eidesleistungen bezieht, erhellt aus Art. 11.)

Art. 9.

Für Herrenhuter, Mennoniten und Quäker kann eine mit Handschlag bekräftigte Betheuerung die Stelle des Eides vertreten.

Vor der Abnahme solcher Betheuerung, deren Formel in jedem einzelnen Falle die Behörde zu bestimmen hat, ist dem Betheuernden zu bedeuten:

> daß das Gesetz ihm zwar mit Rücksicht auf den Glauben, zu welchem er sich bekenne, statt des förmlichen Eides eine einfache Betheuerung gestatte, daß aber diese Betheuerung in Zeit und Ewigkeit ihn ebenso binden solle und werde, als wenn er mit förmlichem Eidschwur sich verpflichte,

auch in denjenigen Fällen, in welchen, nach Vorschrift dieses Gesetzes, der Abnahme eines Eides die Verlesung der Warnung vor dem Meineide voraufgeht, die in der Anlage 1 enthaltene Warnung zu verlesen.

Art. 11.

Die Gerichte und Behörden, vor denen Eidesleistungen stattfinden, haben darauf zu halten, daß bei der Abnahme der Eide dem Ernste der Handlung in keiner Weise Eintrag geschehe.

IX. Elsaß-Lothringen.

Für Elsaß-Lothringen ist eine ausdrückliche Gesetzesbestimmung, welche den Mennoniten Befreiung von der Leistung eines körperlichen Eides zugesteht, nicht ergangen.

Zu § 51 des Gerichtsverfassungsgesetzes bemerken die Herausgeber der „Sammlung der in Elsaß-Lothringen geltenden Gesetze" (1880).

„Eine ausdrückliche gesetzliche Vorschrift besteht in Elsaß-Lothringen in dieser Richtung nicht. Eine seit 1812 in Frankreich festgehaltene Rechtsprechung erachtet es indessen als einen Ausfluß des Grundsatzes der Duldung und der Freiheit der Religionsbekenntnisse, daß Mitglieder anerkannter Religionsgenossenschaften statt des Eides eine den Vorschriften ihrer Religion entsprechende Erklärung abgeben. Nach § 7 des Einführungsgesetzes zur Strafprozeßordnung und § 12 des Einführungsgesetzes zur Civilprozeßordnung ist Gesetz jede Rechtsnorm."

Diese Bemerkung gilt für sämmtliche (gerichtliche und außergerichtliche) Eide.

Hiermit stimmt überein Keller (Mitarbeiter an der Gesetzsammlung) in seinem Kommentar zur Strafprozeßordnung für das Deutsche Reich Anm. 1 zu § 64. An dieser Stelle wird verwiesen auf Nougies, Cours d'assises III Nr. 1542 ff., 2214. Aehnlich spricht sich auch aus Geigel, Das französische und reichsländische Staatskirchenrecht 1884, § 1 Anm. 4.

In Dalloz, Jurisprudence générale Bd. 4 V° serment No. 24 finden sich verschiedene hierauf bezügliche Urtheile des Pariser Kassationshofes, so vom 25. Juni 1820, vom 27. September 1822 abgedruckt. — Ein daselbst mitgetheiltes Erkenntniß des Appellhofes von Bordeaux vom

22. März 1809, bestätigt durch Urtheil des Pariser Kassationshofes vom 28. März 1810, enthält folgende Ausführung:

„Considérant que le serment est tout à la fois un acte civil et religieux; qu'il ne peut être par conséquent obligatoire pour celui qui le prête, qu'autaut qu'il est conforme à sa croyance religieuse; que ce serait un acte indifférent et dérisoire qu'un serment contraire à la religion et au culte de celui à qui la justice l'impose, qu'il est prouvé au procès que le sieur Gones (der Eidespflichtige) est né quaker; que la religion des quakers leur interdit de jurer au nom de Dieu, et ne leur permet que l'affirmation en leur âme et conscience; qu'on ne pourrait donc exiger du sieur Gones un serment au nom de Dieu, contraire à sa religion, qu'en violant la liberté des cultes et des consciences, qui est expressément garantie par les lois de l'État; qu'aucune loi civile, actuellement en vigueur, n'a prescrit une forme exclusive du serment que celui que sa religion lui permet, et que ces maximes ont été consacrés par plusieurs arrêts récents“ . . . .

Wie Kieferndorf*) mittheilt, hat der Präsident des Oberlandesgerichts zu Straßburg in einer Verfügung vom 18. März 1881 diese Ansicht gebilligt und den Gerichten zur Nachachtung empfohlen.

Nach der juristischen Zeitschrift für Elsaß-Lothringen, VII. Bd. 1882, S. 186—188 hat eine Civilkammer des Landgerichts zu Colmar als Beschwerdeinstanz in einem

*) Der Eid, Worms 1892, S. 56.

Beschluß vom 17. März 1882 sich für diese Auffassung ausgesprochen. — Es war in einem Civilprozeß vor dem Amtsgericht zu B. dem Kläger, einem Mennoniten, ein von ihm dem Beklagten zugeschobener Eid zurückgeschoben worden. Er erbot sich, den Eid unter Gebrauch der seinem Bekenntniß eigenthümlichen Betheuerungsformel an Stelle der Eidesformel des § 443 C.P.O. auszuschwören, wurde jedoch durch Beschluß des Amtsgerichts zur Anwendung des letzteren für verbunden erklärt. Auf die Beschwerde entschied die Civilkammer wie folgt:

In Erwägung, daß die Beschwerde .... zulässig ist;

daß Gesetz im Sinne vom § 446 C.P.O. nach § 12 des Einführ.-Ges. hierzu jede Rechtsnorm ist, als Rechtsnorm aber nicht bloß die ausdrückliche gesetzliche Vorschrift, sondern auch die nach Sinn und Zusammenhang aus derselben abgeleitete Rechtsfolgerung zu gelten hat (Motive zur C.P.O. S. 521, 522);

daß in Elsaß-Lothringen allerdings kein Gesetz besteht, welches durch ausdrückliche wörtliche Verfügung die Betheuerungsformel der besonderen religiösen Bekenntnisse der allgemeinen gesetzlichen Eidesformel gleichstellt;

daß diese Gleichstellung jedoch von jeher und mit Recht als natürliche Folge des Grundsatzes der religiösen Duldung und der Freiheit der Bekenntnisse in der französischen Rechtssprechung und Rechtslehre anerkannt ist, und der Grundsatz selbst in allen französischen Verfassungen seit 1789 — mittelbar auch in der von 1852, Art. I gesetzlichen Ausdruck erhalten hat;

daß diese grundgesetzliche Bestimmung unberührt von den politischen Veränderungen und dem Wegfall formaler Geltung dieser Verfassungen, auch für Elsaß-Lothringen geltendes Recht geblieben ist und mittelbar in der Proklamation des Generalgouverneurs vom 30. August 1870 durch Zusicherung des Schutzes der Religion, Einrichtungen und Gebräuche des Landes Anerkennung gefunden hat;

daß mit dem Grundsatz selbst auch die darauf gebaute erwähnte Gleichstellung von Betheuerungsformel und Eid als Rechtsnorm fortbesteht;

A. d. G.

Wird der angefochtene Beschluß des Amtsgerichts zu B. vom 10. März 1882 aufgehoben und dem Beschwerdeführer V. gestattet, den im Beweisbeschluß gedachten Gerichts vom 3. März l. J. festgestellten Eid unter Gebrauch der seinem religiösen Bekenntniß als Mennonit entsprechenden Betheuerungsformel an Stelle der Eidesformel des § 443 C.P.O. auszuschwören.

B. In den nachbenannten Landestheilen

I. Von Königreich Preußen:
1. Herzogthum Lauenburg,
2. ehemals freie Stadt Frankfurt,

II. Königreich Sachsen,
III. Großherzogthum Mecklenburg-Schwerin,
IV. Großherzogthum Sachsen-Weimar,
V. Großherzogthum Mecklenburg-Strelitz,
VI. Herzogthum Braunschweig,
VII. Herzogthum Sachsen-Meiningen-Hildburghausen,
VIII. Herzogthum Sachsen-Altenburg,
IX. Herzogthum Sachsen-Koburg-Gotha,
X. Herzogthum Anhalt,
XI. Fürstenthum Schwarzburg-Rudolstadt,
XII. Fürstenthum Schwarzburg-Sondershausen,
XIII. Fürstenthum Waldeck,
XIV. Fürstenthum Reuß ältere Linie,
XV. Fürstenthum Reuß jüngere Linie,
XVI. Fürstenthum Schaumburg-Lippe,
XVII. Freie und Hansestadt Bremen,

bestehen nach den an zuständiger Stelle angestellten Ermittelungen Gesetzesbestimmungen, auf

Grund deren Mennoniten von der Leistung eines förmlichen Eides befreit sind, nicht.

Im gerichtlichen Verfahren können jedoch — nach dem auf S. 8ff. Ausgeführten — Mennoniten auch in diesen Landestheilen verlangen, mittelst der ihrem Bekenntniß entsprechenden Bekräftigungsformel an Stelle des Eides verpflichtet zu werden, wenn ihnen ir ihrer Heimath ein Gesetz, d. h. Gesetz im engeren Sinne oder der Gerichtsgebrauch diese Befugniß einräumt.

Anhang.

Der Fahneneid.

Ueber die Befreiung der Mennoniten von der Leistung eines förmlichen Fahneneides besteht eine besondere Bestimmung m W. nur für Preußen; dieselbe ist schon vor der Verordnung von 1827 erlassen:

Die Deklaration*) des Edikts vom 30. Juli 1789 und des darauf bezugnehmenden § 28 des Canton-Reglements vom 12. Februar 1792, wegen der Befugniß der Mennonisten, Grundstücke zu erwerben; gegeben Potsdam, den 17. Dezember 1801 bestimmt in § 2: „Bei der Einziehung zum Kriegsdienst soll der cantonpflichtige Mennonist, in Rücksicht seiner Glaubensbegriffe, mit Ableistung eines Eides verschont und die erforderliche Zusage von ihm mittelst Handschlages angenommen werden."

Auf eine Anfrage der Danziger Mennonitengemeinde vom Jahre 1868 ist derselben vom Preußischen Kriegsministerium folgender Bescheid geworden: „Was endlich die Form der Dienstverpflichtung angeht, so besteht der § 2 der Deklaration vom 17. Dezember 1801 noch in Kraft, und sind demnach diejenigen Mennoniten, welche

*) Mannhardt, Jahrbuch 1888, S. 153.

in den Militairdienst eintreten, von der Eidesleistung entbunden und mittelst Handschlag zur Fahne zu verpflichten. — Mit Rücksicht auf den am Schlusse der Eingabe des Vorstandes ausgesprochenen Wunsch wird diese Bestimmung mehrmals ausdrücklich in Erinnerung gebracht werden".

Berlin, den 28. Januar 1869.

Das Kriegsministerium.
gez. v. Roon.

Nach diesem Bescheide soll also in ganz Preußen nach der Deklaration von 1801 verfahren werden. Vermuthlich wird gegebenenfalls aber auch in den Bundesstaaten, welche in Folge der Ereignisse von 1866 ihre Militärhoheit an Preußen abgetreten haben, so verfahren werden. In den übrigen Bundesstaaten werden die dort für das gerichtliche und außergerichtliche Verfahren bestehenden Bestimmungen auch zur Befreiung der Mennoniten von der Leistung eines förmlichen Fahneneides ausreichen. In Bayern z. B. ist der Verfasser 1882 und 1887 unbeanstandet zur Verpflichtung zur Fahne mit „Ja" und Handschlages zugelassen worden.

Den bei der Reichsmarine Eingestellten dürfte ein Anspruch auf Befreiung von dem förmlichen Eide nicht zustehen.

Schlußwort.

Im Herbst 1892 ist von der Vereinigung der Mennonitengemeinden im Deutschen Reich an den Preußischen Kultusminister eine Eingabe eingereicht, welche den Erlaß einer Königlichen Verordnung bezweckt, wodurch die Befreiung der Mennoniten von der Eidesleistung in ganz Preußen einheitlich geregelt und auch die lästige Bestimmung der Verordnung vom 11. März 1827, (die Beibringung eines Unbescholtenheits-Zeugnisses) beseitigt wird.

Diese Verordnung wird hoffentlich bald erlassen werden.

Druck von Leonhard Simion, Berlin SW.

FSC
www.fsc.org
MIX
Papier | Fördert gute Waldnutzung
FSC® C083411

Kolibri 360 GmbH
Ferdinand-Jühlke-Straße 7
99095 Erfurt, Deutschland
produktsicherheit@kolibri360.de